Encore Petit Chaperon Rouge!

Not Again, Red Riding Hood!

Kate Clynes & Louise Daykin

French translation by Martine Michaelides

Le Petit Chaperon Rouge jouait dans le jardin après sa terrible épreuve avec ce mèchant loup.
« Petit Chaperon Rouge, » appela sa Maman, « J'ai fait des cookies, viens en prendre un. Pourquoi ne pas en apporter à Papa ? »
Or Le Petit Chaperon Rouge était encore un peu nerveuse d'aller dans le bois. Mais Maman avait besoin de son aide et Papa adorait ses cookies. Donc, elle accepta d'y aller.

Red Riding Hood was playing in the garden after her terrible ordeal with that nasty wolf.
"Red Riding Hood," called her Mum, "I've made cookies, come and get one. Why not take some to Dad?"
Now Red Riding Hood still felt a bit nervous about going into the wood. But Mum needed her help, and Dad loved his cookies. So, she agreed to go.

Her Mum counted ten freshly made cookies
into a basket. 2, 4, 6, 8, 10.
Red Riding Hood gave her Mum a big
hug and off she went.

Sa maman compta dix cookies qui venaient d'être faits
dans un panier. 2, 4, 6, 8, 10.
Le Petit Chaperon Rouge serra sa Maman bien fort
dans ses bras et elle partit.

Elle n' était pas allée loin quand elle entendit une petite voix : « Petit Chaperon Rouge, Petit Chaperon Rouge, as-tu de la nourriture ? J'ai été coincée dans cette tour depuis une éternité et je meurs de faim. »
« Descends ton panier, » dit Le Petit Chaperon Rouge. « J'ai un délicieux cookie qui vient d'être fait pour toi. »

She hadn't gone far when she heard a small voice: "Red Riding Hood, Red Riding Hood, have you any food? I've been stuck up in this tower for ages and I'm starving."
"Send down your basket," said Red Riding Hood. "I have a delicious, freshly made cookie for you."

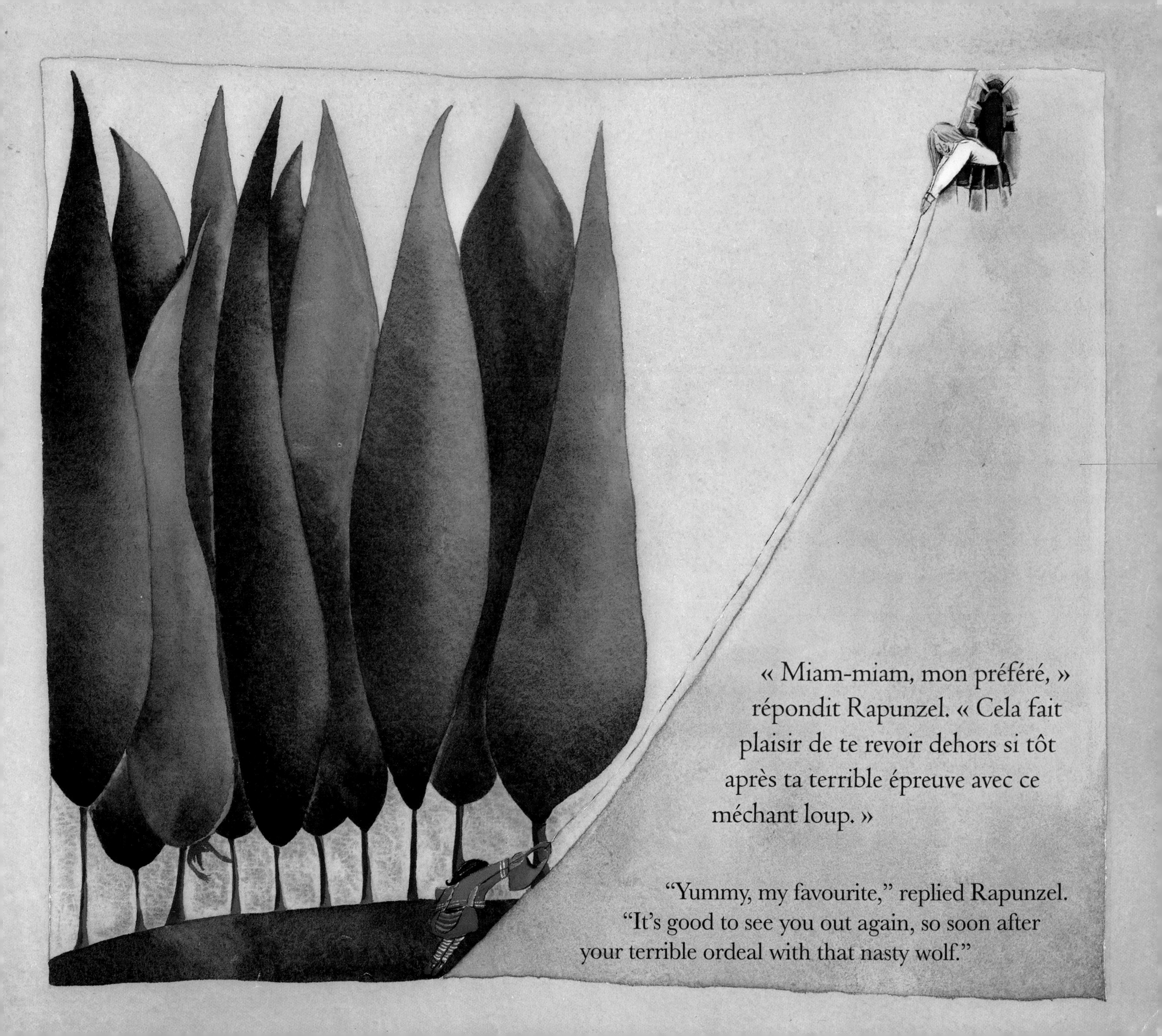

« Miam-miam, mon préféré, » répondit Rapunzel. « Cela fait plaisir de te revoir dehors si tôt après ta terrible épreuve avec ce méchant loup. »

“Yummy, my favourite,” replied Rapunzel. “It’s good to see you out again, so soon after your terrible ordeal with that nasty wolf.”

Le Petit Chaperon Rouge se remit en route pour livrer les cookies qui venaient d'être faits à son Papa. Elle regarda dans son panier.
10 était devenu 9!

Red Riding Hood set off again to deliver the freshly made cookies to her Dad.
She looked into her basket.
10 had become 9!

Après un moment, elle arriva à la maison de Monsieur et Madame Ours. Ils étaient assis autour de leur table de jardin avec Bébé ours regardant fixement trois bols très vides.
« Petit Chaperon Rouge, Petit Chaperon Rouge, as-tu de la nourriture ?
Nous mourrons de faim. Quelqu'un a mangé notre porridge ! »

After a while she arrived at Mr and Mrs Bear's house. They were sitting around their garden table with Baby Bear staring into three very empty bowls.
"Red Riding Hood, Red Riding Hood, have you any food? We're starving.
Someone's eaten all our porridge!"

Or Le Petit Chaperon Rouge était une gentille petite fille et elle mit un cookie qui venait d'être fait dans chacun de leur bols.

Now Red Riding Hood was a kind little girl and she popped one freshly made cookie into each of their bowls.

« Oh merci, » dirent les ours. « Cela fait plaisir de te revoir dehors si tôt après ta terrible épreuve avec ce méchant loup. »

"Oooooh, thank you," said the bears. "It's good to see you out again, so soon after your terrible ordeal with that nasty wolf."

Le Petit Chaperon Rouge se remit en route.
Elle regarda dans son panier. 9 était devenu 6!
Elle n'était pas allée loin quand elle arriva à la maison de Grand-Maman.
« Je dois voir comment va Grand-Maman après sa terrible épreuve avec ce méchant loup, » pensa Le Petit Chaperon Rouge.

Red Riding Hood marched on.
She looked into her basket. 9 had become 6!
She hadn't gone far when she reached Grandma's house.
"I must see how Grandma is after her terrible ordeal with that nasty wolf," thought Red Riding Hood.

Grand-Maman était au lit.
« Grand-Maman, Grand-Maman, tu as l'air de mourir de faim, » dit Le Petit Chaperon Rouge.

Grandma was in bed.
"Grandma, Grandma, you look starving," said Red Riding Hood.

« Tu dois avoir un des cookies faits maison par Maman. J'en emporte à Papa et cela ne le dérangera pas que tu en aies un. »
« Merci chérie, » dit Grand-Maman. « Tu es une fille attentionnée. Maintenant file et ne fais pas attendre ton père. »

"You must have one of Mum's home made cookies. I'm taking some to Dad, and he won't mind you having one."
"Thank you dear," said Grandma. "You are a thoughtful girl. Now run along and don't keep your father waiting."

Le Petit Chaperon Rouge embrassa sa Grand-Maman sur la joue et se dépêcha pour retrouver son Papa. Elle regarda dans son panier. 6 était devenu 5!

Red Riding Hood gave Grandma a kiss on the cheek and rushed off to find her Dad.
She looked into her basket. 6 had become 5!

Après un moment, elle arriva à la rivière. Trois très maigres boucs étaient allongés sur un morceau d'herbe plutôt marron.

« Petit Chaperon Rouge, Petit Chaperon Rouge, as-tu de la nourriture ? Nous mourrons de faim. »

After a while she reached the river. Three very scrawny billy goats were lying on a patch of rather brown grass.

"Red Riding Hood, Red Riding Hood, have you any food? We're starving."

« Nous ne pouvons pas traverser le pont pour manger la riche herbe verte, » ils dirent. « Il y a un troll mesquin et affamé qui attend de nous manger. »

"We can't cross the bridge to eat the lush green grass," they said. "There's a mean and hungry troll waiting to eat us."

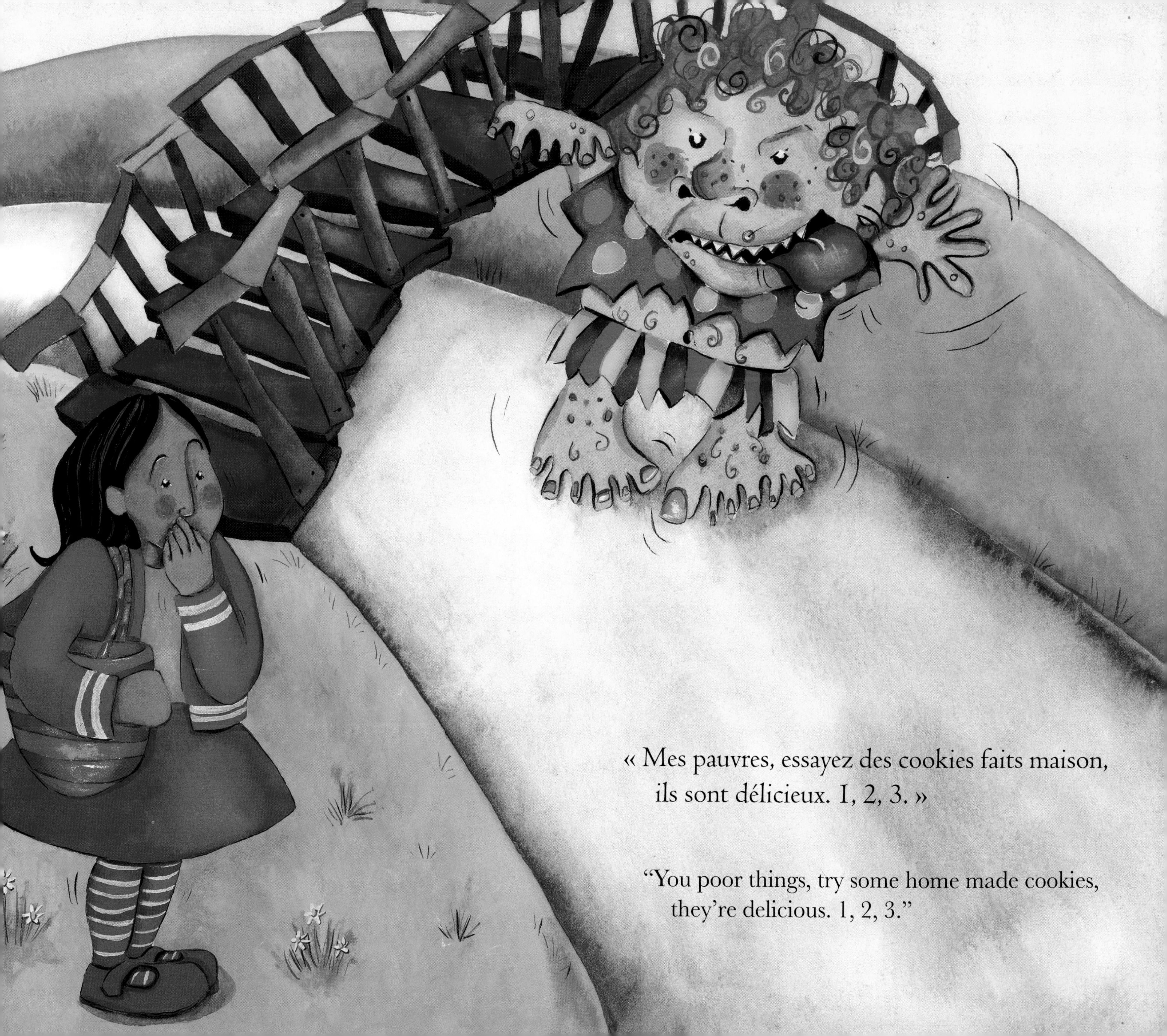

« Mes pauvres, essayez des cookies faits maison,
ils sont délicieux. 1, 2, 3. »

"You poor things, try some home made cookies,
they're delicious. 1, 2, 3."

« Tu es très gentille, » dirent les boucs. « Cela fait plaisir de te revoir dehors si tôt après ton épreuve désagréable avec cet horrible loup. »

"You're very kind," said the billy goats.
"Nice to see you out again, so soon after
your terrible ordeal with that nasty wolf."

Le Petit Chaperon Rouge continua de courir. Elle regarda dans son panier.
5 était devenu 2!
« Au moins, il n'y a pas de méchants loups par ici, » pensa Le Petit Chaperon Rouge.
Juste à ce moment...

Red Riding Hood ran on. She looked into her basket. 5 had become 2!
"Well at least there aren't any nasty wolves around here," thought Red Riding Hood.
Just then...

...un loup sauta devant elle.
« Tiens, tiens, tiens ! » dit le loup. « Mais c'est le petit Chaperon Rouge dehors à nouveau, si tôt après ta terrible épreuve avec mon frère. Te Voir me donne faim. »
« Tu ne peux avoir aucun de mes cookies, » glapit Le Petit Chaperon Rouge.

...a wolf jumped out in front of her.
"Well, well, well!" said the wolf. "If it isn't Red Riding Hood out again, so soon after your terrible ordeal with my brother. Seeing you makes me feel rather peckish."
"You can't have any of my cookies," squeaked Red Riding Hood.

« Je ne pensais pas aux cookies, » grogna le loup quand il bondissait vers elle.

"I wasn't thinking about cookies,"
growled the wolf as he leapt towards her.

Entendant un cri, son Papa apparut brandissant sa hache.

Hearing a scream, her Dad appeared wielding his axe.

« Cours, Petit Chaperon Rouge ! Cours ! » il hurla alors qu'il chassait le loup.
« Encore, Petit Chaperon Rouge, » pensa Papa.

"Run, Red Riding Hood! Run!" he bellowed as he chased the wolf away.
"Not again, Red Riding Hood," thought Dad.

Ils avaient faim après leur terrible épreuve.
Elle mit la main dans son panier.
« Un pour toi et un pour moi, » dit Le Petit Chaperon Rouge.

They were both hungry after their terrible ordeal.
She reached into her basket.
"One for you and one for me," said Red Riding Hood.

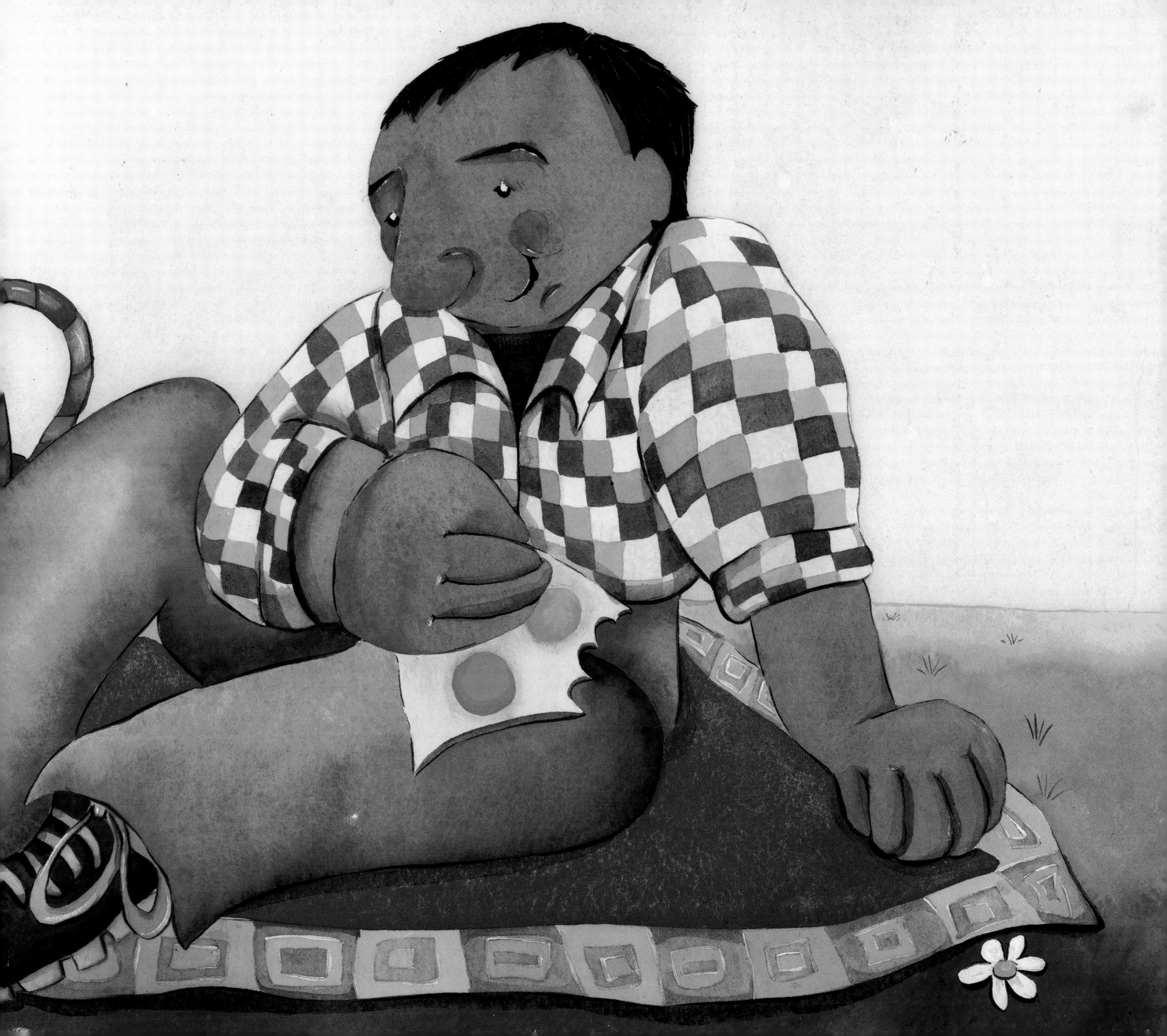

Et puis il n'y en avait plus.

And then there were none.

British Library Cataloguing-in-Publication Data:
a catalogue record for this book is available
from the British Library.

First published 2003 by Mantra
5 Alexandra Grove, London N12 8NU, UK
www.mantralingua.com